AF245988

OPINION

Relative à l'opération des Assignats, prononcée le 5 septembre. 1790 dans la société des amis de la constitution de Paris.

PAR M. COQUÉAU,

Membre de cette société et de celle du serment du jeu de paume.

MESSIEURS,

PARMI les causes, soit naturelles, soit artificielles, qui peuvent tenir l'opinion publique en suspens sur les avantages à recueillir d'une forte émission d'assignats, grands et petits, forcés, sans intérêt, et exclusivement admissibles à l'acquisition des biens nationaux, je n'en vois pas de plus séduisante ni de plus dangéreuse dès-lors, que l'emploi des mots de *crédit* et de *papier-monnoie* dans cette discussion.

Rien de plus déplacé, selon moi, que l'application de mots pareils à l'examen de cette question. En effet, quel est le but de l'opération projettée ? De payer la dette exigible avec les biens nationaux. Assurément il n'y a pas là de crédit ; car si je devois cent mille francs à quelqu'un, et que je lui transmisse directement la propriété d'un domaine à moi, valant la même somme, il seroit bien certainement non-recevable à se servir du mot de *crédit* pour caractériser ma manière de m'acquitter envers lui. Dans la pire des suppositions, ce seroit le payer comptant, puisque pour une créance jusques-là incertaine, je lui livrerois une propriété réelle, peut-être même susceptible d'acquérir entre des mains plus libres que les miennes, une valeur plus forte encore que celle portée dans notre traité d'acquittement.

Ainsi la Nation n'use point de son crédit en payant sa dette avec des biens nationaux. Le crédit est une promesse, et l'homme qui livre ne promet pas. Le crédit est une espérance, et l'homme qui livre une valeur réelle positive et disponible, n'expose pas son créancier à la simple espérance d'une valeur encore incertaine et précaire.

Mais, dira-t-on, les assignats ne sont pas des terres. Moi je dis que c'est absolument la même chose. En effet, l'homme à qui je devois tout-à-l'heure cent mille francs, a accepté en paiement le domaine qui m'appartenoit; je ne lui ai pas livré de la main à la main mon domaine comme une chose portative et que j'aurois pu tirer de ma poche. Il a fallu un intermédiaire quelconque, un acte de vente par exemple, soit sur parchemin, soit sur papier, or je dis que cet acte de vente, que ce parchemin, que ce papier, n'est pas autre chose qu'un assignat.

Je dis qu'un assignat n'est autre chose qu'un titre *aliénatif et aliénable* de propriété, donné par la Nation à ses créanciers sur des fonds territoriaux qui lui appartenoient, titre qui dessaisit réellement, et à l'instant même de son émission, la Nation même de la propriété de ces fonds, titre qui rend à l'instant les créanciers réellement propriétaires de la masse de fonds territoriaux qui leur est abandonnée.

S'il pouvoit rester quelques doutes sur la réalité de ce titre transmissif, si l'on osoit dire, par exemple, que la possession du titre ne constitue pas encore la jouissance du fonds, je dirois que la passation de l'acte entre particuliers ne la constitue pas davantage; je dirois que la propriété de l'acquéreur n'en existe pas moins au moment de la livraison du titre chez le notaire, et que le surplus n'est déja plus à la disposition du vendeur, trop intéressé d'ailleurs dans le cas particulier où la Nation se trouve, à aider de toute sa force l'exécution d'un traité également avantageux aux deux parties contractantes : avantageux à l'acheteur ou cessionnaire, puisqu'il n'existe pas d'autre moyen, puisqu'on ne peut même en imaginer un meilleur de le payer ; avantageux au vendeur, puisque ce vendeur ne pourroit songer à rompre ce traité, sans se retrouver à l'instant dans la même situation qui l'avoit forcé de le contracter.

Ainsi à l'instant même et par le seul fait de l'émission des assignats, la Nation ne sera plus propriétaire des biens maintenant encore et jusques-là seulement *nationaux*; ainsi ils appartiendront à ses créanciers qui seront alors bien réellement payés ; ainsi ces propriétés ne seront plus nationales, elles seront devenues dans toute la rigueur du terme des propriétés absolument privées. Mais, dira-t-on encore, ces propriétés resteront entre les mains des corps administratifs ; le titre qui les représente circulera cependant comme signe, comme *monnoie* ; et vous ne nous avez dès-lors offert en paiement qu'un vain prestige, qu'une trompeuse subtilité.

Pour résoudre ce nouveau doute, il me suffira de poursuivre la même supposition que j'ai déja présentée. L'homme à qui j'ai cédé mon fonds en est déja propriétaire (1) ; mais il ne l'a pas encore

____

(1) Le propriétaire du titre est, je pense, bien réellement propriétaire du fonds.

vu , il n'en a pas encore joui. Ce fonds qui n'est plus à moi reste provisoirement entre les mains du fermier et du régisseur, en attendant l'œil de son nouveau maître ; cependant ce maître suspend sa prise de possession.

Supposons maintenant , ou qu'il doive le tout , ou bien partie de la somme que son fonds lui a coûté, ou qu'il trouve à gagner de la main à la main sur la revente de ce fonds, ou qu'il rencontre l'occasion d'en employer la valeur à une spéculation différente et plus profitable. Dans tous les cas il lui importera que ce fonds soit bien réellement disponible entre ses mains, et le titre qui l'a rendu propriétaire suffit déja pour lui assurer cet avantage. Mais un plus grand avantage encore seroit qu'il ne fût pas obligé, pour disposer de son fonds, de disposer de tout à-la-fois, et qu'il pût, soit pour payer quelques parties de dettes, soit pour profiter de quelques convenances , en aliéner à volonté quelques parties détachées. Tel seroit, par exemple, l'avantage qu'il trouveroit à recevoir de moi, au lieu de ce seul titre général qui lui auroit assuré la propriété du domaine en entier , plusieurs titres de détail isolément affectés à chacune des portions d'héritages , à chacune des *pièces de terre* qui le composent. Alors il pourroit céder , il pourroit transmettre , au gré de son intérêt et des circonstances, tel ou tel de ces titres de détail, et cette disponibilité libre et partielle lui auroit au moins rendu le service de lui épargner les embarras et les frais intermédiaires d'une ventilation. Ainsi le voilà qui transmet ses titres partiels à ses créanciers ou à ses voisins; ceux-ci les transmettent à leur tour à d'autres, ceux-ci encore à d'autres; et d'encore en encore, par une suite probable d'actes toujours pareils, ces titres se trouveront au bout d'un certain temps avoir circulé dans diverses mains, au point de revenir peut-être dans cette même main qui s'en sera dessaisie la première. Or qui osera dire que des titres ainsi transmis cessent pour cela d'être de véritables titres de propriété? qui osera, à plus forte raison, dire que ces titres ainsi circulans soient du *papier-monnoie*? On pourroit le dire, sans doute, si, devenus comme de l'argent, signes indistincts non d'une propriété, mais de jouissances quelconques et passagères, ils pouvoient cesser un instant de tenir indivisiblement au fonds de terre immobile et toujours le même, dont l'aliénation première leur donna naissance. Mais ce n'est évidemment pas-là le cas, et cette transmission, cette circulation même de titres, ne sera pas autre chose, en réalité comme en principe, dans le fait comme dans le droit, qu'une pure et simple succession d'actes consécutifs de revente.

Cependant, ainsi que je l'ai déja dit, ce fonds sera resté entre les mains du fermier et du régisseur; mais le propriétaire, pour avoir changé successivement , n'en aura pas moins continuellement existé. Ce sera, si l'on veut, une série d'ayant-cause , de subrogés, d'acheteurs ; mais qui oseroit dire qu'un ayant-cause , qu'un subrogé , qu'un acheteur n'ait pas le même sort , les mêmes droits et la même qualité que son vendeur ? Ainsi le propriétaire sera dans chaque instant successif et donné , le porteur actuel de tel assignat ou de telle masse d'assignats , libre de garder son fonds en allant offrir ses titres à la brûlure, libre de s'en défaire , en cédant ses assignats à un nouvel acquéreur ; mais ce n'en sera pas moins pour ce propriétaire quelconque , et à son profit , que le régisseur ou le fermier en aura cependant recueilli les fruits ou acquitté les fermages (1), et l'instant

---

(1) Quelles seront les fonctions de la caisse de l'extraordinaire , relativement à la recette des produits annuels des domaines nationaux , jusqu'à l'époque de l'extinction totale des assignats ? Pas d'autre que d'être la *caisse commune* où se verseront ces produits , pour être payés ; à qui ? aux propriétaires des fonds , puisqu'ils le seront des produits ; aux jouisseurs même des fonds , puisqu'ils le seront des produits ; et cela répond à l'objection qui m'a été faite , que mes prétendus propriétaires ne toucheroient pas les fruits , et que dès-lors ma comparaison n'étoit pas juste. Il suffit de considérer quel sera l'emploi spécial auquel doit être affecté le passif futur de la caisse de l'extraordinaire à cet égard , pour sentir la justesse de ma manière de voir , et s'il pouvoit rester quelque doute , j'ajouterois qu'à la vérité chaque porteur de titre ne sait pas encore géométriquement de quel fonds il est propriétaire , mais qu'il est le maître de le savoir en se présen-

où il se trouvera enfin un dernier propriétaire qui veuille aller sur les lieux et exploiter par lui-même, ne différera absolument en rien de celui où le premier de ces propriétaires successifs auroit pris le parti d'en faire autant.

Ce rapprochement, Messieurs, très-simple, ce me semble, et très à la portée de tout le monde, pourroit, en le suivant jusqu'où il peut aller, résoudre une foule de questions, et peut-être même toutes les questions accessoires de celle qui nous occupe. Il conduiroit, par exemple, à décider l'émission instantanée d'une quantité d'assignats équivalente à la masse totale des biens nationaux (1). Se refuser à cette opération définitive,

---

tant pour acquérir ; que la masse des porteurs d'assignats n'est autre chose qu'une masse de créanciers syndiqués, à qui leur débiteur commun a cédé ses domaines, et qui, en attendant que la licitation ait eu le temps de s'en faire entre eux, jouissent cependant des fruits et les perçoivent à la caisse commune au marc la livre de leur titre respectif ; que jusques-là chacun d'eux ne peut pas dire de quelle partie de fonds il est propriétaire, puisqu'ils le sont en commun du total ; mais qu'ils le savent lorsqu'enfin la licitation en est faite, et qu'alors le syndicat et la caisse commune cessent. Or l'achèvement de la vente en détail des biens nationaux sera précisément cette licitation, et avec lui finiront pareillement les fonctions analogues de la caisse de l'extraordinaire.

(1) Il seroit peut-être dangereux, mais tout au moins dispendieux, d'en émettre davantage, mais il ne le seroit pas également

seroit ne vouloir aliéner qu'une partie de ces biens. Mais cette mise en vente partielle ne pouvant, par la nature des choses, être jointe à l'indication précise, locale & détaillée des parties de biens qui la composeroient, cette mise en vente partielle ne pouvant offrir d'ailleurs l'assurance indubitable que les lots à vendre seroient bien précisément à la convenance de tels ou tels porteurs de titres qui se présenteroient à la suite d'une première émission (1), il s'en suivroit que le marché

---

d'excéder la masse de la dette exigible, si cette masse se trouvoit inférieure à la valeur du capital des biens nationaux, ce qui est aussi possible que désirable. En effet à quoi se réduiroit la clôture de ce compte ouvert de la nation avec les particuliers? Uniquement à favoriser jusqu'au bout l'aliénation *totale* de ces biens, et l'on conviendra sans peine que cela est aussi indispensable pour l'achèvement de la constitution, que pour délivrer une bonne fois les corps administratifs de toutes les tentations immorales et corruptrices que peut y introduire la détention provisoire dont il a fallu les charger pour le méchanisme de l'opération. Quant au produit de cet excédent, il trouveroit naturellement son emploi, soit dans le secours qu'il prêteroit à un fonds d'amortissement destiné à éteindre ou du moins à réduire la dette constituée, soit dans l'assignation qu'il seroit possible d'en faire à des améliorations ou à des encouragemens d'administration. Mais, dans tous les cas, il est également important d'aliéner *tous* les biens nationaux, et de les aliéner *le plus promptement possible*, fût-ce même à perte.

(1) En effet, par cela seul que tous les biens ne seroient pas en vente, il se trouveroit des lieux où il n'y en auroit pas à

d'immeuble qu'il s'agit d'établir, ne seroit pas complètement assorti, il s'en suivroit que tel porteur de titre pourroit ne pas rencontrer dans tout le marché l'objet qu'il se soucieroit de posséder, et de-là résulteroient des expectatives, des indécisions, qui, indépendamment même des préférences ou des jalousies qu'un remboursement partiel tendroit naturellement à établir entre les créanciers, produiroient nécessairement une infinité de défiances, d'incertitudes et d'engorgemens très-susceptibles de gâter toute l'opération.

Je ne fais que présenter cette conséquence, et je m'abstiendrai d'en présenter beaucoup d'autres (1), qui toutes tendroient à prouver que le

---

vendre. Or qu'arriveroit-il en ce cas, si le mouvement de la circulation venoit à porter les assignats précisément dans ces lieux-là ? En les exposant tous, on sera sûr au moins d'en avoir mis par-tout où cela étoit possible, et ce sera une inquiétude de moins à avoir, comme un reproche de moins à se faire.

(1) On entrevoit par exemple ici la nécessité de faire des petits assignats, et sur-tout celle de rejetter les quittances de finances ; car sans les premiers et avec les secondes, ou en un mot, sans une divisibilité et une disponibilité de titres poussés l'une et l'autre aussi loin qu'elles puissent physiquement l'être, on ne pourroit jamais garantir à chaque titre, ou à chaque masse de titres, l'assurance qu'elle dût rencontrer la portion géométrique et donnée de fonds territoriaux à laquelle elle pût s'adapter ; et il résulteroit de là des embarras et des non-valeurs incalculables, tant dans l'aliénation définitive que dans la transmission circulaire des titres

plan de MM. Mirabeau, Gouy, Péthion et autres, est tellement lié, tellement indivisible, qu'on ne peut lui faire subir un seul amendement sans le détruire ; et je reviens aux seules considérations que je m'étois d'abord proposé de vous soumettre.

Ainsi, Messieurs, l'effet de l'émission des assignats, sera de dessaisir réellement et immédiatement la Nation de ces propriétés, dont elle a si légitimement recouvré la jouissance ; ainsi l'effet de cette émission sera bien moins au fonds un versement de numéraire qu'elle ne produira qu'*occasionnellement*, mais fort heureusement, je l'avoue, qu'une véritable aliénation bien consommée, qui aura métamorphosé ces propriétés jusques-là nationales, en propriétés particulières. Ainsi ces assignats seront bien moins un signe d'échanges que de véritables titres de propriété, réellement transmissibles comme doivent l'être tous titres de propriété, et dès-lors circulables par cela seul qu'ils seront transmissibles. Ainsi la Nation, en confiant momentanément aux Municipalités et aux corps administratifs le dépôt de ces biens (1), n'a pré-

______

(1) On m'a objecté à la tribune même, d'où je venois de descendre, qu'il étoit faux que les porteurs d'assignats fussent propriétaires, puisqu'avant de posséder ils seroient obligés d'acquérir des Municipalités. J'aurois pu répondre qu'un homme à qui le vendeur a fourni d'avance, pour s'acquitter avec lui, le signe,

tendu en déléguer à ces corps ni la propriété, ni la possession, ni même la simple jouissance, elle n'a prétendu les instituer que comme simples fermiers et régisseurs provisoires de ces biens, comptables et responsables envers elle, tant que l'aliénation n'en sera pas faite, c'est-à-dire, tant que les assignats ne seront pas émis ; comptables et responsables envers les nouveaux propriétaires, du moment où la livraison de leurs titres, sous forme d'assignats, les aura réellement investis de leur nouvelle propriété (1). Et si la Nation intervient encore entre ces fermiers et ces nouveaux propriétaires, si elle prend le soin de présider,

---

le mandat, le titre sans lequel il ne peut entrer en jouissance, a déja bien réellement acquis, s'il est vrai du moins que payer soit acquérir, et s'il est vrai d'ailleurs que ce soit payer que de renoncer à une créance pour acquérir. Mais je me suis contenté de demander à mon contradicteur s'il croyoit que l'émission des assignats constituât réellement l'aliénation des biens nationaux. Si cela est, ai-je ajouté, la Nation n'est plus propriétaire, et comme il faut bien qu'il y en ait un, quel autre le peut être que les porteurs d'assignats ? Ainsi, ai-je dit encore, la prétendue vente à faire par les Municipalités, ne sera point une vente, ce fera un simple acte de licitation, une simple formalité d'installation du propriétaire.

(1) Il seroit peut-être bien d'exprimer (au moins dans le préambule du décret) ce principe du dessaisissement de la Nation et de l'aliénation effective au profit des porteurs d'assignats.

soit à la bonne administration de ces biens , soit à l'installation successive de leurs nouveaux maîtres , ce ne sera plus comme propriétaire de ces biens qu'elle le fera ou le devra faire , mais uniquement comme propriétaire de la force publique , destinée en général à assurer l'exécution de tous contrats quelconques entre particuliers (1). Ainsi , Messieurs , les assignats ne seront ni des papiers-monnoie , ni des papiers de banque , ni des papiers de crédit ou de confiance , ce seront de véritables *papiers d'aliénation* , de véritables *papiers-terres* , liquides et insusceptibles de retrait comme de révocation. Ainsi tout ce qui se passera de relatif à la circulation de ces effets entre particu-

____

(1) Le raprochement , trivial peut-être , mais au moins clair , qui sert de base à toute cette opinion , mène si bien à tous les détails de la question , qu'il n'est pas jusqu'au seizième de bénéfice accordé aux Municipalités qui le justifie , puisque ce seizième de bénéfice représente tout naturellement les bénéfices ou les salaires à abandonner au fermier ou au régisseur. Sur quoi je dois observer en passant qu'il est très-heureux que ce seizième de bénéfice ait été décrété. En effet , ce bénéfice devant se calculer sur le prix effectif de la vente définitive , il est clair qu'il sera d'autant plus grand , que les biens auront plus de valeur , et auront moins dépéri ; et cet article que j'ai blâmé dans le temps , faute de réflexion , est dès-lors le moyen le plus efficace d'intéresser les Municipalités , sinon à procurer promptement la vente définitive de ces biens , du moins à les tenir jusqu'à cette époque en bon état , et à les administrer , comme elles le doivent , en bons pères de famille.

liers , n'aura plus rien de national que le souvenir encore récent de leur aliénation première ; ce ne seront plus que des ventes et reventes successives et privées. Il est dès-lors aussi faux que dangereux de dire que l'opération des assignats soit une opération de crédit national ; il est dès-lors aussi faux que dangereux d'appeller ces assignats du nom , peut-être mal-à-propos inquiétant, de *papier-monnoie* ; et quelque minutieuse, quelque grammaticale même que puisse paroître cette discussion , tout ce qui touche à la confiance est trop frêle à-la-fois et trop important pour que vous ne me pardonniez pas de l'avoir ouverte.